류시육 시집

참 좋은 친구

도서출판 진실한 사람들

| 시인의 말 |

참 좋은 친구 예수님 때문에

내 마음 정원에 함께한 동반자
항상 처음처럼 상쾌한
청잣빛 맑은 샘 같은 친구

사막 같은 고독한 길을 지날 때
안개꽃처럼 가녀린 나의 손잡고
하늘의 별빛처럼 밝게 걸어 주신 당신

날마다 조금씩 꼬리 잘리는 세월 앞에
일편단심 그리운 마음 하나로
내 사모하는 친구

훗날 초록빛 여행이 끝나는 날
사랑한다는 한 가지 이유 때문에
지난 삶에 꽃을 놓아주는 그리움

주님의 몸된 교회를 사랑하는 일념으로
참 좋은 친구 예수님의 마음을 담아
다섯 번째 시집으로 출간한《참 좋은 친구》

고독함이 머물러 있는 창가에
주님 닮아가는 좋은 친구로
맑은 햇살처럼 머물고 싶습니다.

외로운 나그네 길이 아니라
노랑나비 춤을 추는 신나는 여행
서로에게 좋은 친구로 남고 싶습니다.

봄은 꽃으로 노래하듯이
20년을 하루같이
내 마음에 참 좋은 친구 예수님 때문에
언제나 희망을 노래합니다.

-2019년 성역 20주년을 기념하며
청담 류시육

차 례

제2부 생각이 흔들리지 않으며

제3부 말이 거만하지 않으며

제4부 영혼이 고요하고

제5부 영으로 주를 찬양하며

제 1 부

마음이 높지 않으며

장미꽃 연가

오늘 같이 햇살 맑은 날이면
가시로 적으신 장미꽃 엽서 들고
광야길 걷는 나그네를 향한
우리 예수님 사랑의 편지를 읽는다.

죄와 허물 속으로 안으시고
고운 꽃 피우시려다
스스로 가시 채 되시어
십자가 위에서 뚝뚝 떨어지는 보혈.

가시 끝마다 핏빛 묻어난 밤들
저렇게도 하얗게 밝히고서야
눈물겹도록 아팠던 세월 사이마다
토해내는 주홍빛 붉은 향기.

답십리 담장에 장미꽃 피는 날
툭 건드리는 가시들마다
꿈틀거리는 예수님 사랑의 사연
고마운 그리움에 울컥 목이 메인다.

새해에 부치는 시

1000번과 1000번 그리고 17번
2017번이나 자맥질한 태양
오늘은 맑고 고운 자태로
그 금빛 보배로운 마음을 열고
찬란한 365개의 금빛 구슬을 쏟아낸다

숱한 실패의 강을 건너고 건너
저렇게 눈 부시도록 아름다움으로
오늘 아침에는 드디어
잠자는 대지를 깨워
영롱한 금빛 파노라마에 눈이 부시다

이젠 양팔 번쩍 하늘을 향해 들자
무릎으로 빌고 또 빌었던 사연의 조각들
모아 모아 드디어 희망이 된 탑이여
깊은 산골, 바닷가에 초막까지
열린 희망으로 대로를 만들자

광야에서 부는 바람도 상큼하다

새벽 간이역을 떠나는 기차의 경적도 우렁차다
세월에 승선하는 승객들도 행복하다
저 광야로 거침 없이 달려가자
손에 손을 잡고 희망 깃발을 펼치자

내 안에 잠자는 능력들아 깨어라
인생 앞에 거센 폭풍이 있다지만
어둠 깊은 골짜기에 초록빛 무지개를 피우며
주님 손잡고 걷는 인생이여
날마다 푸른 초장 쉴만한 물가이어라

이글거리며 타는 새 아침 햇살
온누리에 자욱하게 피어 오른다
찬바람 머문 자리 동토의 계곡에도
눈이 부시도록 영롱한 아침 서광에
환하게 피어날 아침 꽃으로 벅차오른다

자랑스런 금수 강산이어
둥둥 희망의 종소리를 울리자
어르신들은 꿈을 꾸고 젊은이는 환상을 보자
전능자 하나님의 서광이 피어나는 새해
만세에 복을 누릴 민족이여 올해도 영원하여라

설날 아침

그리운 정(情) 하나
찾아내어
찌든 세월의 먼지
툴툴 털어내고
돌돌 말아
가슴에 품으면
왈칵 쏟아지는 눈물
어머니 정
그리움이 쏟아진다.

얼기설기 썬 떡국
냄비에 넣고
팔팔 끓여
한 입 가득 삼키면
가득한 고향 맛
자근자근 씹히고
세뱃돈 집어주시던
주름 덮인
아버지 손길 그립다.

타향도 정들면
고향이련만
해마다
설날 아침이면
희끗희끗한 세월들 사이로
솟는 가슴 아린 그리움
반길 사람도 없는
시냇물 흐르는 고향으로
자꾸만 가자 한다.

아름다운 송년

소매 끝을 잡은들 머물지도 않겠지만
아직도 못 나눈 정 하나 남았기에
오늘 하루는 온종일 문고리잡고
가지 말라 칭얼대는 아이가 됩니다.

언제인가 또 한번 생각이 나겠지
만남과 스침으로 기록된 흔적들
미움도 슬픔도 이젠 지난 시간
지금은 하얀 눈꽃송이로 피어납니다.

비록 만날 수 없는 거리에 왔지만
아직도 그곳에 머문 마음들
시간의 나룻배가 건넌 강을 보면
생각할수록 감사와 행복이 출렁입니다.

잘 가시오, 여기서 작별을 합니다
맑고 아름다운 눈을 가진 사람이
타고 가야할 365바퀴 세월의 굴레에
오늘은 황금빛 꽃송이 놓으렵니다.

홍매화

눈 덮인 겨울 모진 찬바람을 삼키고
기나긴 동짓달 겨울밤도 견디고
얼어붙은 몸과 맘도 오롯이 품으며
참 용케도 참아주니 감사하구나

그럴 리야 없었겠지만
지난해 봄바람에 눈물처럼 떨어질 때
다시는 만날 수 없겠구나 돌아섰는데
잊지 않고 다시 찾아와서 반갑구나

헝클어짐 없이 여전히 아름다움으로
길손 마른 가슴에 와락 안기어
매화꽃으로 피어 내 마음도 밝으니
꽃에 취해 나도 꽃이 되니 감사하구나

매화 꽃등 아래 모여든 감동의 물결
파란 봄 하늘 가득한 추억들까지
찰깍찰깍 후레쉬에 담아가는
매화꽃 네가 있어 이 땅은 행복하구나.

사월의 아침

사월의 아침은
파란 햇살을
잘근잘근 썰어
나뭇가지에 걸어둔다.

파란 햇살이 머문
가지마다
파란 물감이
바람에 뚝뚝 떨어진다.

지난 밤
사나운 꿈자리 때문에
아침이 무거울지라도
파란 꽃을 기다리자.

사월의 아침을
걸어가는 사람마다
마음을 열어보면
초록 희망이 출렁인다.

5월의 단상

오월은
아카시아 꽃이
보름달빛을 빚어
추억을 엮어내는
백색 향기로운 꿈을 꾼다.

어릴 적
토끼풀에 사랑을
약속하며
두둥실 구름 된
그리움이 하얗게 내린다.

오월은
시간에 쫓기던 세월에
비로소 창을 열고
어디까지 왔는지
나 있는 곳에 멈추어 본다.

무진장 좋은 날

오늘처럼 무진장 좋은 날에는
담장 위의 장미꽃처럼
한 방울 두 방울 사랑으로
진홍빛 고운 실로 꽃을 피우자.

오늘처럼 무진장 좋은 날에는
장미꽃 위에 앉은 나비처럼
이 꽃 저 꽃 향기 나르는
아침 이슬에 맑은 나비가 되자.

오늘처럼 무진장 좋은 날에는
다소곳이 손잡은 연인처럼
우리 함께 오솔길 걸으며
이렇게 행복하였노라 말하자.

오늘처럼 무진장 좋은 날에는
반짝이는 별처럼
밤하늘 저 멀리까지 들릴
우리 이렇게 사랑한다 말하자.

벚꽃 축제

차린 밥상도 없고
요란한 풍악소리 없지만
삼삼오오 이쪽 저쪽에서
끊임없이 몰려오는 사람들
꽃나무 아랜 온통 꽃 축제
덩달아 애완견이 춤을 춥니다.

손에 들려줄 선물도 없고
고급 뷔페 식권도 없지만
돗자리 깔고 먹는 김밥
이렇게도 맛있다니
손자 손잡은 등 굽은 할머니
어깨춤이 절로 납니다.

초청장 한 장도 없지만
누구나 함께 즐거운
중랑천 뚝방 벚나무 길
실바람 타고 내리는 꽃비
우산도 없이 걸어가면
얼굴마다 하얀 꽃이 피어납니다.

봄에 드리는 기도

먼 산 아지랑이처럼
겨우내 지친 영혼
처마 끝으로 몰아내고
닫아 둔 마음 빗장 풀어
양지쪽에 설 수 있음은
십자가 지신 주님
흘리신 보혈 때문입니다.

시골길 달리는 버스처럼
흔들거리는 인생살이
시냇물 소리로 씻어내고
울퉁불퉁한 걸음걸이
여기까지 온 것은
갈보리 언덕 위의 주님
피 흘리신 사랑 때문입니다.

웅크린 그림자처럼
세월 깊숙이 스며든
떠나지 않은 빛바랜 슬픔
하나 둘 강물에 던지고
찬 겨울 지난 그리움 사이로
세월의 향기 앞에 있음은
십자가 주님 사랑 때문입니다.

봄이 오는 길

얼마나 참으며 참아 왔던가
가슴에 별 하나 달고
숱한 어둠을 헤치고 헤치며
차디찬 광야길 어둠을 걸었던 세월

아침 여명은 강물에 은빛 쏟아내고
잔설이 남은 강둑위로
흰 백로 날갯짓에 봄 향기 묻어나니
이제 겨울도 그리움으로 남으려나 보다

겨우내 켜켜이 쌓인 시간의 무게들
하나, 둘, 겨울 숲에 묻어두고
햇살 조요한 아침 창에 커튼 젖히니
낯익은 길섶엔 어느덧 쑥 향기로 은은하다

오늘, 찬 겨울 지나는 길목에
환한 미소 띤 봄 그리움 서성이니
노란 개나리 꽃향기 음미하며
정다운 갈대 길 사이로 봄 향기 흠향한다

봄 호수와 빈 배

봄이 오는 호숫가
빈 배 하나 놓였는데
파란 하늘 내려 앉아
봄바람 둘둘 감아
겨울 강을 건너가자 한다.

어디로 가야 할지
반기는 사람 없다지만
양지쪽 틈새 찾아
그립던 사랑 이야기
나누면 어떠하리

포근한 바람 하나
겨울 강을 건너올 때
한겨울 참았던 그리움
촉촉이 녹여 내며
햇살 피는 물결은 봄을 깨운다.

-(2014. 02. 22. 총 여전도회 수련회 양평 예마당 호숫가)

아카시아 꽃

천년 사랑을 이어오다
오늘 저녁에는
하얀 등불 켜고
사랑이 익어오는 길목에
꽃등을 엮으리라.

솔잎 사이마다
솜털 바람 스칠 때
가슴에 담은 고운 향
뚝뚝 떨어져
향기로운 추억 길 새긴다.

숨 가쁜 세월 사이로
날마다 꿈을 품더니
오늘은 초록 가운 입고
내민 하얀 얼굴
저리도 곱고 아름다웠던가?

언젠가 우리 모두
한 송이 꽃이 될 수 있다면
가시나무에 피는
아카시아 꽃처럼
세월을 보듬는 향기로 남으리.

장미꽃

애절하다 말 한마디 없이
온몸에 돋친 가시
살점 도려내는 아픔 참으며
붉은 피 방울방울 모아
한 송이로 피어난 장미꽃이여.

서쪽 노을빛 찾을 때마다
그리운 향기 쏟아내며
봄과 여름 엮어가는
태양빛 닮은 진홍빛
그 아름다운 고운 자태.

오늘도 사랑하고픈
뜨거운 심장으로
외로운 나그네를 찾아
세월에 그을린 담벼락에서
사랑으로 부르는 애달픈 노래.

너를 보고 있노라면
우리 주님 예수님
십자가 지시고 걸으신 갈보리
쏟으신 붉은 피 거룩함에
가슴엔 온통 붉은 피로 채운다.

접시꽃

겨울, 봄, 여름 가는 세월
아련한 그리움, 속으로 삭히더니
무더운 바람 길 숲을 오를 때
짙은 사랑 올올이 수놓았습니다

숱한 밤 지나는 세월 접어 넘기고
행여나 오솔길 따라 오시려나
아침 길목 햇살 사이로
붉게 수놓은 양탄자 깔았습니다

일편단심 님을 향한 마음
수줍게 얼굴 붉어지기만 하여
오늘만은 붉은 꽃잎 터뜨려
내 마음 당신께 꽃향기 되렵니다.

야생화

봄이 머문 자리엔
어김없이
노란 머리 띠 두르고
노란 스카프 잘록 맨
봄 처녀 앉아 있다.

후덕한 인심
겸손한 미소
소박한 자태
매서운 겨울 산 너머 온 길손
손잡고 이야기하자 한다.

지난겨울
언 손 호호 불어
향긋한 내일 꿈꾸는
눈 녹여 피는 한 송이 봄꽃
그대 이름은 야 생 화.

(소이작도 산중턱에 핀 야생화를 보며)

6월의 정원

초여름 6월의 정원에
엄니 맘 같은 푸른 잔디 깔리고
나뭇가지마다
제각기 사연담은 푸른 엽서 펄럭인다.

어두움 깊은 저 무명의 골짜기에서
거친 울음 토하던 소쩍새
무슨 아픈 사연이 그리 많길래
밤새도록 소쩍소쩍 검은 울음 토했을까.

사노라면 살아가노라면 피할 수 없는
지천에 깔린 슬픔의 웅덩이들
올해도 절반이 지나는 세월에
울어야 할 일들 한두 번이었을까만은.

오늘 아침 6월의 정원 모퉁이
초록빛 맑은 감나무 잎새 끝에
푸른 희망 전하는 까치들의 고운 합창
6월의 정원은 울 엄니 품처럼 다정하여라.

여름 강가

산 매미 그렇게 우는
이맘때면 나는 여름 강이 된다.

초승달이 돼버린 놋숟갈로
감자 한 소쿠리 박박 긁어
가마솥에 넣고 노릇노릇 익혀
더운 김 후후 불어 한 입 씹으며
흰 구름 좇아가는 그리운 세월.

여름 햇살이 강물과 만날 때
수만 가지 추억들이 자맥질하고
언제인가 흘러갈 그곳으로
내 어릴 적 여름 추억과 함께
뒤척이는 강물에 실어 보낸다.

여름이 되어 좋은 오늘 같은 날
물은 흘러갈 곳으로 흘러가지만
그리움 한 자락은 두고 보내리.

여름 풍경

큰 더위에 주르르 땀은 흐르고
어디 시원한 곳 없나 찾아
느티나무 그늘에 돗자리 깔았지만
마음의 더위는 떠날 줄 모르고.

더위 속으로 자전거 빠르게 달리고
숨을 헐떡이며 횡단보도를 건너는 나그네
더위를 마실 날이 얼마나 남았는고
삶의 날을 계수하는 세월만 빠르다.

쫓아도 쫓아도 가슴에 안기는 더위
강물의 붕어처럼 물속에만 살 수 없고
고추잠자리처럼 하늘로만 날 수 없어
가슴은 어느새 불화로가 되려나.

구름 한 줌 태양빛 가리고
후드득 한바탕 소나기 오려나
저 멀리 차도에는 알 수 없는 자동차
어디로 가는지 바쁘기만 하여라.

여름이 있어 행복했던 날

나 어릴 적 여름밤은 작은 잔치
서산에 걸친 해 그늘 찾아올 때
고향 마당 한가운데 멍석 깔고
들로 산으로 갔던 가족들 앉으면.

밀가루 반죽 홍두깨로 둘둘 밀어
뭉텅한 부엌칼로 가지런히 썰어
감자, 애호박 듬성듬성 썰어 넣고
가마솥에 익는 여름밤의 저녁 잔치.

하루 종일 무더위에 탈진한 기력
엄마표 구수한 칼국수 한 대접
후후 불어 술술 입안으로 넘기면
불끈불끈 힘이 솟아나는 맛의 능력.

여름밤 농익은 밤하늘의 별자리
하나, 둘, 셋, 가슴으로 셈하다
엄마 무릎 베고 스르르 잠드는
그때 여름밤이 있어 참 행복했노라.

여름 이야기

여름 더위가 마당에 자리를 깔아
보리타작에 몸은 땀으로 범벅이 되면
어머니 가마솥에 노릇노릇 삶아주신 감자
고픈 배 달래던 추억 잊을 수 있으랴.

보리타작 마당에 어둠 찾아들면
멍석 깔아 모깃불 피워 놓고
애호박 감자들 듬성듬성 썰어
어머니 만들어 주신 구수한 칼국수.

하늘에 별 하나 둘 찾을 때
울 어머니 무릎 베고 누우면
휘휘 손으로 모기 쫓으시며
어머니 들려주신 이야기에 별도 잠들었지.

오늘 같이 더운 날은 한 움큼 여름 상추에
그리운 어머니 손맛 소복이 담고 담아
꼭꼭 씹어 가만히 가슴으로 내리면
지난여름 이야기에 더운 여름 열기 식어간다.

여름 의자

여름이 영역을 표시할 때면
더위를 먹은 온 땅은
숨 막히듯 맺힌 열기 뿜어내며
물길따라 흘러간 세월을 회상한다.

그렇게 세상을 살아 왔던가
담쟁이 덩굴 사이에 머물던
여름 햇살에 칭칭 감긴 하나의 일상
시나브로 흘러만 가려나 보다.

기다리고 기다린 그리운 벗들
걸어온 지친 몸 기댄 채
주저앉은 오래된 사연들
지난여름 이야기 나눈들 어떠리.

폭음이 앉아 있는 여름 의자도
어머니 품 같은 그리운 안식처
언제라도 누구라도 쉬어 갈
오늘, 고향 가득한 여름 의자가 그립다.

여름은 떠나고

너! 여름아
땀 흘리는 생사고락 함께 했는데
떠난다는 말 한마디 남기지 않고
하룻밤 사이에 그렇게도 빨리 떠나다니.

39도 40도 불가마 만들어
숨도 쉬지 못하게 품어주더니
마파람에 게눈 감추듯
가야겠다는 말도 없이 휙 떠날 수가.

이렇게 빨리 떠날 줄 알았다면
덥다고 눈 흘기어 미워하며
부채로 마구 때리고
에어컨으로 감아 돌리지 않았을 것을.

떠나면 허전할 내 곁에 사람아
그렇게 여름 떠나듯 떠나기 전에
사랑하고 그리고 축복하자
하늘 닮은 노란 해바라기 꽃잎처럼.

제 2 부

생각이 흔들리지 않으며

행복 편지

오늘 같은 날은
가을 하늘을 품은 필묵으로
강이 보이는 창가에서
그리운 이름을 적어봅니다.

지금도 변함없지만
꿈속에서라도 소원했던 한 가지
톡톡 알밤 터지는 행복
가슴마다 우두둑 쏟아지기를.

시보다 맑은 마음
고운 정성으로 빚어
봉하지도 못한 채 붙이는 편지
새벽까지 몸살을 앓았습니다.

부디 행복하고, 행복하기를
빌고 비는 소원 담아
살며시 우체통에 넣은 손등 위로
무수한 가을 향기 우르르 쏟아집니다.

가을 편지

가을엔 함께 걷고 싶습니다.
사랑하다 십자가를 지신
예수님의 사랑 함께 나눌 당신과
가을이 오는 오솔길로 가렵니다.

파란 하늘색 편지지
지난밤 그리움에 별이 된
설레는 가슴을 서로 나누며
가을이 오는 소리를 듣습니다.

매몰차게 몰아친 볼라벤에
뚝뚝 땅에 떨어진 슬픈 농심
아픈 가슴 양손으로 살며시 잡고
높고 푸른 가을이 되고 싶습니다.

이제 가을이 가기 전에
가을이 머문 강가 벤치에 앉아
쓸쓸히 살아가는 사람들에게
가을 편지 한 장 부치렵니다.

*볼라벤 : 2012. 8. 28. 한반도에 상륙하여 많은 재산과 인명피해를 입힌 초속 30-40km의 중형태풍의 이름. 특히 과수 농사의 7-80%의 낙과 손실을 입혔음.

추자도

그곳에 가면
아침 안개에 묵은 때 벗어내고
해풍에 맑은 향기 가득한
순박한 그리움으로 기다리는 추자도가 있다.

바다에서 태어나
바다를 마시고 바다를 호흡하던
비릿한 바다 냄새로 출렁이는
바다의 외로운 섬 이야기.

떠날 사연 한두 번이었으랴만
붕---- 뱃고동 소리 들으면
울렁거리든 사람들은
이제 섬 언저리에 들꽃으로 남았으리.

추자도를 떠났지만
아직도 내 안에 추자도가 그리운 것은
평생 주님 사랑하는 일념으로
복음을 키워온 묵리교회가 있었기 때문이다.

가을 그리고 낙엽

아쉬움이 또 한 번의 기회일까?
가을이 멈춘 자리
쓸쓸히 자리를 떠나던 낙엽은
와락 가을의 품으로 안긴다.

떠날 수 없는 그리움인가?
가을이 지나는 길에는
우수수 바람에 눈물 삼키며
낙엽 하나 저만치 걸어온다.

혹시나 지난 세월
얽히고설킨 회한이 있어도
오늘만큼은 정든 그리움에 안겨
실컷 춤이라도 추려는가?

가을은 낙엽에 추억을 적어가고
낙엽은 가을을 연주하는
서럽도록 아름다운 사랑 이야기
가을, 그리고 낙엽.

가을이 오는 길

길고 느린 여름
언덕에 숨이 차고
땀 흘림의 세월도
느린 완행열차로
푸른 들녘을 지날 때
저만치 들녘을 건너
가을의 손길
가는 길손 멈추게 한다.

고추잠자리 등에
하얀 구름 가볍고
골목길 우체통에
그리운 사연 담은 편지
깊숙이 담고 돌아설 때
어딘가 들려오는 풀피리 소리
지난가을 추억 묻어내어
또다시 가을의 향기
나그네 발길에 걸린다.

봄은 여름에 밀려가고
또다시 여름이 밀려갈 시간
이렇게 세월은 산을 넘었고
기러기 V자 그리며
그리움 삼키며
서쪽 하늘 바쁜 일자리로
어느덧 가을바람 불어와
강가 억새풀 흔들림
빈 가슴에 가을의 향기 채운다.

가을이 깊은 밤

별빛 녹아내리는 시간
가을의 끝자락은 가지 끝에 머물고
한여름 매미소리 정다운 메아리
아련한 추억 한 가락 들린다.

촉촉한 달빛에도
우수수 떨어지는 낙엽들 사이로
그때 근심은 그곳에 둔 채
여름을 지킨 나목들이 평화롭다.

감나무 가지 끝에서
농익은 감을 따듯
손에 잡히는 과분한 은혜와 사랑
미완성의 노래라도 부르자.

오늘처럼 가을이 깊은 밤에는
햇살 밝은 언덕에 핀 구절초처럼
가슴에 묻어 둔 벗들을 찾아
그리움 녹여낸 향기에 취한다.

가을이 그린 그림

사랑 담은 가을바람 한줌
지난여름의 흔적 쓸어내고
의자에 떡 하니 앉으면
강둑은 이내 빈 도화지가 된다.

한여름 더위 씻어낸 청계천
맑은 물 붓끝에 가득 찍어
향기 좋은 구절초 꽃잎 그리더니
달빛 익은 들국화로 화폭을 채운다.

가을 그림은 이것으로 부족했을까
백로는 가을 색감 그윽한 강가로 날고
무수한 밤길 헤쳐 온 어린 붕어들
가을이 익듯 통통하게 살이 영근다.

오늘, 가을 그림이 짙은 의자에 앉아
내 마음에 접어 둔 도화지 펼쳐놓고
지난가을에도 그리지 못한
상념 하나 가을색에 듬뿍 담그고 싶구나.

가을은 떠나고

계절에 뺏긴 마음까지
하나 둘 추스르는 자태여
그렇게도 든든하게
지켜줄 기둥이라도 있었나?

장롱 깊이 감춰 둔
색동옷 걸치고
울긋불긋 하늘빛 보석 걸고
애처로운 마음까지 빼앗더니.

오늘 아침 스치는 실바람에
가을의 슬픈 생각까지
미련도 아쉬움도 없이
하나, 둘 털어내는 마지막 비행.

이제 내 안 가득히 남은 빈 가지
왜곡된 감정마저 지우고는
유유히 떠나가는 가을
그렇게 아무 한이 없어라.

낙엽지는 소리

바스락거리는 낙엽 소리에
마음을 열어보니
세월의 무상함을
어찌도 이렇게 서럽다 하는가

가는 세월은 뒤돌아서지 않고
귀밑에 서릿발만 무성한 채
밤새도록 떠나지 않은 상념마저
이젠 저 멀리 아련하구나

해마다 이맘때면
빈 가슴 한 켜 사이로
낙엽에 묻은 먼지 쓱쓱 닦아내고
전하지 못한 사연들만 서성인다.

겨울 강가에서

흘러가버린 세월 앞에서
세월보다 먼저 잊혀진 사랑이지만
사랑보다 앞선 기다림은
사무치는 그리움 때문입니다.

밤새 바람에 뒤척이던 물결 사이로
흘러가면 그만이라 생각했지만
가슴에 남은 그리움 조각들
반추되는 가슴으로 기다립니다.

흘러간 세월 돌아오지 않았는데
내려놓지 못한 낡은 세월들
맨살 드러낸 가지 끝에라도
꽁꽁 묶어 두고 떠나렵니다.

언제인가는 만날 주님이시지만
오늘의 기다림이 그리움으로 남기 전
말없는 겨울 강이라도 되어
남은 그리움 기다림으로 채우렵니다.

겨울에 부르는 노래

온통 세상은 숨막히게 하얗다
지난밤부터 내리는 순백의 눈송이
절뚝거리며 지나온 세월들
어머니 하얀 가슴에 고이 묻힌다.

이제는 내 안에 묻어둔 사연들
부시도록 하얀 오선지 펼쳐 놓고
눈 쏟아 붓는 하늘에 들리도록
큰 노래 부르자, 목청껏 부르자.

헐벗은 가지에 나뭇잎 하나 없어
누가 지난 세월 헛되었다 말하지만
낙심하거나 노하지 말자
백색 고운 땅에 설중매로 피어나리.

가지 끝을 때리는 모진 바람에
헐벗은 가지마다 슬픈 울음 들려도
펄펄 하늘 나는 눈송이 만들어
찬바람으로 켜는 겨울 노래되어라.

눈 오는 날

눈이 펑펑 쏟아집니다.
사랑이 온 세상을 덮었습니다
한겨울 바싹 마른 가지에도
사랑은 덕지덕지 달렸습니다.

눈이 바람타고 흔들립니다
사랑은 마음을 흔들어 놓습니다
할머니 주름처럼 깊이 파인
삶의 계곡에도 사랑은 쌓였습니다.

눈이 소리 없이 쌓입니다
사랑은 소리 없이 오고 갑니다
지난 세월이 머문 곳에는 항상
사랑이 만든 이야기가 쌓였습니다.

눈이 펑펑 쏟아집니다
사랑이 온 마음을 붙들었습니다
눈을 밟고 걸어가노라면
사랑은 자국을 남기며 걸어옵니다.

겨울 산

목도리조차 거추장스러워
훌훌 벗어 던지고
칼바람 홀로 맞으며
고독한 늪에 얼었을지라도
희망은 산기슭에 서 있습니다.

얼어붙은 옹달샘에서
쪼개진 표주박으로
찬물 들이키지만
마음에 나는 노랑나비
봄은 그렇게 오는가 봅니다.

겨울 기침에
목덜미 추운 나뭇가지에 앉은
산까치 한 마리
지난 봄에 부르던 희망가에
겨울은 산에서 떠나려나 봅니다.

겨울나무

봄 지나 여름오고, 여름 지나 오는 가을
계절이 남긴 두꺼운 무게도
찬바람 머문 겨울 언덕에서는
하나 둘 떠나보내는 겨울나무.

겨울이 깊이 익어갈수록
덕지덕지 걸친 껍질 미련 없이 벗으며
마지막 남은 하나의 잎도 버린 채
빈손 되는 나무는 나의 자화상입니다.

가지 끝의 까치둥지도 무거웠을까
밤새 빈 둥지로 남았더니
오늘은 둥지에 쌓인 눈마저 버리고
쓸쓸한 바람만이 빈 둥지를 지킵니다.

동서남북으로 흔들려도 오히려 자유로운
아까움도 없이 버리는 겨울나무들이여
버림으로 채우는 미학인가
겨울나무는 스스로 겨울나무가 됩니다.

겨울 강의 노래

얼었다 녹고, 녹았다 얼고
녹기 위해서 어는 것일까
얼기 위해서 녹아지는 것인가
알 수 없는, 그를 일컬어 겨울 강이라.

내륙의 모진 삭풍들
온몸으로 품고 품어가며
오늘도 차디찬 얼음장 밑에서
한결같은 겨울 노래 쏟아낸다.

그리도 많았던 아픈 가슴도
그리움 묻어낸 얼음조각으로 남겨놓고
한 치도 흩어짐 없는 얼굴
묵묵히 가야할 곳으로 흘러가니.

강둑의 버들강아지 가슴들마다
봉긋한 봄 향기 달아놓고
언젠가는 모진 겨울도 지나가리라
가슴 가득한 양춘의 희망노래 불러간다.

눈이 내리면

눈이 내리는 날이면
닫아 둔 창문을 열어
연민의 씨앗 하나 찾아내고
분진으로 덮여진 시간을 걷어낸다.

뭔 일이 바빠서
목말라 하는 가슴에 냉기를 남긴 채
반백의 외투자락에
그리움만 감싸 안고 살았던가.

붉으면 뭣하고 푸르면 뭣하다냐
그리움에 여윈 가슴엔
한줌의 미련도 없이
저렇게 모두가 하얗게 덮히고 말 것을.

사르륵 사르륵 눈이 오는 날이면
행여나 기다리던 그리움이 오시던 밤이런가
이른 아침 창문을 열어
마른 가슴에 하얀 등불을 켠다.

무제

IS대원이 사람을 죽였다는 소리를 듣는다
땅을 치며 통곡하는 자녀 잃은 슬픈 소리
돌에 부딪혀 온몸 부서지며 흐르는
개울 소리 보다 처량하다.

한 맺힌 세월은 상처 난 채
한 사람도 보듬지 않고 재빨리
언덕길을 오르기에 숨 가쁜데
겨울 가지에 앉은 한 마리 까치 울음.

그 아래로 괴나리봇짐진 노파는
야윈 팔을 휘휘 젓고 길을 가는데
벌건 대낮인가 양쪽 불 환하게 밝힌 채
겨울 비 내리는 도로에 질주하기 바쁘다.

제 3 부

말이 거만하지 않으며

감사, 그리고 감사 1

해 저문 언덕이라도
환한 향기로 가득히 찾아와
한 송이 꽃으로 피어나는
감사는 어둠 밝히는 향기입니다.

길눈조차 어두워
온몸은 상처투성이지만
찬찬히 돌아온 길을 바라보면
감사의 물결만이 출렁입니다.

저 멀리 별들이 오는 밤
떠나야 할 시간이 숱하게 많았는데
지난 흔적들마다 새긴 이름
감사, 감사 그리고 감사입니다.

하루하루 살지라도
하늘에 올리는 내 작은 기도
앞으로 남은 시간의 갈피마다
감사, 그리고 감사만으로 채우소서.

감사, 그리고 감사 2

풀어내지 못한 사연 때문에
갈대처럼 흔들렸지만
주님! 내 손 잡아 주시니
감사밖에 없습니다.

바람에 부딪힌 지난 세월
하얀 파도처럼 남을지라도
뒤돌아 보이는 모든 것
감사요 감사뿐이어라.

여기,
살아있다는 사실이 이렇게
큰 감사인 것을 그때까지는
왜 그렇게 몰랐던가.

하룻길 가는 나그네
하루저녁 노을로 남을지라도
우리 주님 길동무되시나니
아쉬울 것 없어라.

감사, 그리고 감사 3

사랑하는 그대여
유수 같이 흐르는 세월의 강에
귀를 기울여 들어보게나
가슴을 두들기며 들리는 소리.

인생사의 온갖 무거운 짐
출렁출렁 물결에 싣고
그대도 한 줄기 강이 되어
넘실넘실 감사의 노래 부르자.

감사를 알기 전까지
전 아직 어린 아이였습니다.
덕지덕지 불평의 탑을 쌓던
내 모습이었습니다.

빛바랜 한 줄기 바람
흔들리는 가지가지마다
감사로 적은 사연 하나
비로소 내 가슴은 안식을 누립니다.

감사로 드리는 기도

볼 수 있음이 감사인 것을
볼 수 없을 때 알지 않게 하시고
들을 수 있음이 감사인 것을
들을 수 없을 때 알지 않게 하소서.

걸을 수 있을 때 감사인 것을
걷지 못할 때 깨닫지 않게 하시고
나눌 수 있음이 감사인 것을
받아야만 할 때 깨닫지 않게 하소서.

배부를 때 감사인 것을
배고플 때 경험하지 않게 하시고
건강할 때 감사인 것을
아플 때 경험하지 않게 하소서.

사랑할 때 감사인 것을
미울 때 발견하지 않게 하시고
평안할 때 감사인 것을
불행할 때 발견하지 않게 하소서.

곁에 있음이 감사인 것을
떠난 후에 뉘우치지 않게 하시고
가까이함이 감사인 것을
고독할 때 뉘우치지 않게 하소서.

살고 있음이 감사인 것을
죽을 때 찾지 않게 하시고
감사할 때 감사인 것을
감사를 행할 때만 알게 하소서.

그것은 감사입니다

자꾸만 길어지는 해 그림자
하나 둘 갈 길로 가지만
곁에만 있어도
넉넉한 마음의 길동무 하나
그것은 감사입니다.

맑은 물기 주르르 흐르는
달콤한 사과 향기처럼
한마음에 가득 채우는
생각만으로도 따끈따끈한 감동
그것은 감사입니다.

청아한 천연색 물감일까?
눈에 잡히도록 아름다운
경쾌한 몸짓 하나
보기만 해도 뭉클한 오랜 행복
아! 그것은 감사입니다.

(추수 감사절을 맞이하며)

십자가 예수님

눈 감으면
눈 가득 담기시는 주님
정녕 잊지 못하는
마음에 아로 새겨진 사랑입니다.

꿈속에서도
마음 가득 기다리는 주님
가슴에 담겨 있는
지울 수 없는 그리움입니다.

떠나려 해도
여전히 주님 품에 안겨 있으니
어느덧 주님은
내 마음의 모든 것 되었습니다.

십자가 위, 주님 피 묻은 얼굴
나 감당치 못할 큰 사랑 어찌할지
세월의 징검다리마다
십자가 사랑의 강물이 출렁입니다.

사순절 단상

해마다 한차례씩
마른 기침과 파고드는 몸살에
으시시 온몸이 쿡쿡 쑤시면
내 가슴에 사순절 십자가를 세웁니다.

얼마나 참으셨기에
흐르던 땀방울이
뚝뚝 핏방울 되어
꺾인 무릎 사이로 흘러내리셨는지.

주님 잡히시던 그날 밤
숨었던 베드로의 헛기침처럼
새벽녘을 기다린 첫닭의 울음도
이젠 스치는 바람 소리 뿐일런가.

태산 같은 허물의 언덕에
무딘 영혼의 애달픈 울음소리는
홍매화 붉은 꽃잎처럼
뚝뚝 떨어지는 보혈의 바다가 됩니다.

십자가 1

바람으로 지울 수 없는 그리움
가슴에 꼭꼭 묻은 채
갈보리 언덕
십자가 아래로 가면
주님의 따뜻한 손길에
그리움은 별빛으로 반짝입니다.

매화꽃 피는 시간이면
헝클어진 삶의 흔적 걷으시고
환한 미소로 오시는 주님
십자가상에서 흘리는 보혈은
삶에 지친 심령 심령을
촉촉이 적시고도 남았습니다.

오늘, 이렇게 행복할 수 있다면
기꺼이 십자가를 지시고
갈보리 높은 언덕 홀로 가신 그 길
흔들리는 억새풀로 남을지라도
십자가 사랑 사랑 양손에 담고
주님 오실 길에 머물렵니다.

십자가 2

어느 날
양손으로 얼굴을 가린 채
어두운 하늘을 보면
저만큼 멀리 다가와 비추는
참 빛을 본다.

아직도
마음엔 잔설이 남았고
어두움에 생각을 닫았지만
따뜻한 가슴으로
품으시는 다정함이여.

오늘은
주님의 따뜻한 품에 안겨
눈물 옷고름 풀어놓고
고달픈 사연 쏟아내어
주님 품에 잠들고 싶어라.

언젠가
내 살아온 흔적 돌이켜 세워
십자가의 흘리신 보혈에
한뜸한뜸 사랑을 수놓는
진달래꽃이라도 되었으면.

십자가 3

주님이 십자가를 지시고
골고다 험한 길에
아픔과 고통의 땅에
방울방울 피를 흘리셨는지
생각하지도 못한 채
시간은 언덕에 헐떡입니다.

빛바랜 세월이
예배당 꼭대기 종탑에
겨우내내 달렸었지만
실핏줄 터지도록
슬피 우는 십자가를
알려하지도 못했습니다.

희미한 가로등처럼
야윈 세월 앞에
다가와 손 내미시는 주님
얼마나 기다려야
십자가 주님 사랑
가슴 저미는 은혜에 잠기리오.

십자가 4

닦아도 흐르는 눈물
가슴 아련히
흔들며 솟아나고
칠흑 같은 죄
빗물처럼 가슴을 적신다.

죄 없이 살았다면
우리 주님 예수님
무거운 십자가 지시고
갈보리 산을 핏빛으로
적시지 않았었겠지.

십자가에 달리신 주님
머리에 흐르던 피
방울방울 떨어질 때
구석구석 감춘 죄
밀초처럼 녹아져 내린다.

닦아도 남는 눈물
매화처럼 붉은 꽃
영혼에 피는 계절
사순절의 맑은 혼이여
삶에 묻은 죄악 닦으소서.

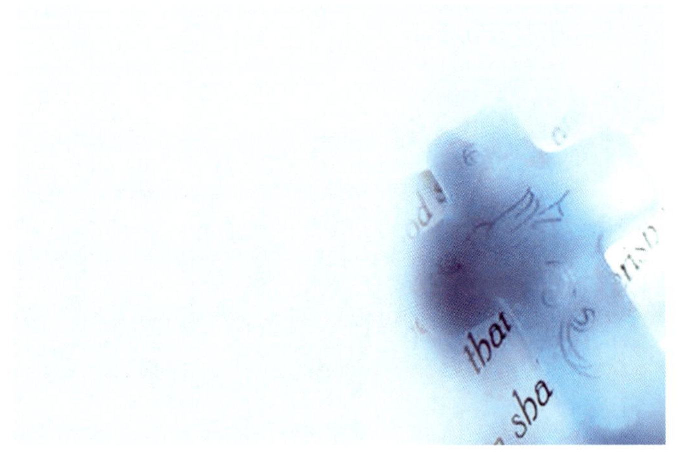

십자가 5

겹겹이 쌓인 허물
무거운 십자가에 감아 메고
방울방울 쏟으시는 눈물
나의 허물 때문이었음을
늦게나마 알아내고
와락 긴 눈물을 쏟아낸다.

왈가닥거리는 바람소리
십자가 위를 맴돌 때
골고다 길 흙먼지에
흘리시는 십자가의 보혈
나의 죄 때문인 걸
어떻게 회개해야 하리오.

하늘에 끝이 있다면
한 손으로 하늘을 펴고
바닷물을 담을 수 있다면
한 손으로 바닷물을 찍어도
주님 사랑, 십자가 사연
어찌 다 기록할 수 있으랴.

십자가 6

사랑하리라
바람이 분다 해도
십자가의 사랑
가슴 새겨진 핏빛
불러서 대답 없어도
사랑하리라.

그리워하리라
하 수상한 세상에서도
십자가의 은혜
한가득 담으신 열매
난무하는 혼란 속에도
그리워하리라.

기다릴 것이라
애련의 손길 없다 해도
십자가의 언약
빛깔 맑은 무지개
서성이는 그리움으로

기다릴 것이라.

감사하리라
홀로 광야에 선다 해도
십자가의 용서
흔들릴 수 없는 면류관
햇살처럼 맑은 주께
감사하리라.

십자가 7

Ⅰ.

찬바람 할퀸 가슴에
세월은 잿빛으로 물들었고
심장이 터져 쏟아지는 아픔
햇볕마저 검게 타버렸는가
부들부들 떨리는 고통의 절규
파도치는 아픔과 아픔
온몸을 가르는 짜는 듯한 쓰라림.

주님! 사랑할 자를 사랑하시지
그렇게 사랑에 굶주리셨나요?
싸늘한 사랑
가슴으로 데워내며
사랑을 녹여내시는 주님
골고다 언덕길엔
피로 얼룩져 붉었습니다.

Ⅱ.

어둠에 웅크린 죄인들

핏덩이 채 품으시고
사랑의 피 짜내시어
너는 나를 버릴지라도
나는 너를 버릴 수 없다
외마디 절규에 산천을 울게 하신
오 십자가 사랑 주님

십자가 골고다 길에
스치는 한줌의 바람 삼키며
배신자 베드로의 통곡으로
가슴에 십자가를 세우며
목마른 사랑의 눈물을 쏟아냅니다.

Ⅲ.
얼마나 더 많은 세월이 흘러야
세속에 무딘 영혼 영혼
주님 사랑 알게 될지요
세월은 쉬지도 않고
잰걸음으로 언덕을 넘는데

주님 사랑 깨닫고
사랑하다 지친 주님 품에
환한 얼굴 묻을 때는
아직 얼마나 남았으리요.

Ⅳ.
나를 사랑하시는 주님
복사꽃 환한 얼굴에
마른 땅 촉촉이 고개를 들 때
십자가 그 사랑 꽃피게 하시고
절망의 터널 지나는 사람들과
메마른 사랑의 세상에
한 줄기 사랑의 꽃잎되게 하소서.

늦깎이 부끄러운 뉘우침과 섬김으로
사랑이신 주님 품안에서
한 점 어두움 없는
영원한 십자가 사랑으로
언 땅 환하게 밝히는
십자가 사랑되게 하소서.

십자가 8

사랑하시다
말문까지 닫으신 주님
한 가슴 넘치는 애절한 사랑
전할 길 찾지 못하시어
연약한 양어깨로
그 아픈 십자가를 지셨나요.

용서하시다
두 눈을 감으신 주님
죄인을 향해 흘리신 보혈
한 방울도 남기지 않으시려
살점 찢기는 고통으로
양손 양발에 못이 박히셨나요.

구원하시다
흘리시는 주님의 눈물
피 묻은 손에 나를 잡고
사랑한다 속삭이시는 주님
사랑에 목마른 가슴에
온종일 눈물이 빗물됩니다.

십자가 단상

흑암이 퍼덕이는 밤이 아니라면
내 어깨가 무쇠의 어깨가 될 수 있는가?
가슴의 햇살을 갈라놓을 채찍의 아픔이 아니라면
내 입은 어두움을 물리치는 능력이 될 수 있는가?
상처받은 얼굴과 수염에 흘러내린 핏방울이 아니라면
내 생명은 죽지 않을 생명으로 태어날 수가 있는가?

태양도 빛을 쏟아내던 숨길 멈추고
지천에 깔렸던 갈보리 언덕의 돌 하나도
눈을 감아버리던 처참한 바로 그 자리, 갈보리
내 작은 눈물 한 방울 한 방울
흙 묻은 주님의 메마른 발을 덮기에 부끄러워
마지막 남은 물기라도 짜내어 주님 앞에 뿌립니다.

연한 순 같고 마른 땅에서 나온 뿌리처럼
고운 모양도 풍채도 없으신 예수님이시여
티끌 같은 주님의 입김이라도 닿으면
눈물 닦아주시던 어머니 따스한 가슴이 되시고
사랑의 목마름으로 가슴이 막히시던 주님

언제나 내 가슴 열어 찾아와 부서지는 햇살입니다.

억지로 십자가를 진다고 불평하지만
언제나 십자가 그늘 아래 푸른 잔디 덮이고
덕지덕지 굳어버린 내 아픔 씻어내는
사시사철 촉촉한 은혜의 강물줄기 흘러가니
십자가를 질 수 있음은 주님의 은총이요
아침 해 출렁이는 희망찬 축복의 물결입니다.

죽음을 죽게 하는 죽음 하나 있었기에
억지로 할지라도 주님 영광 가득하기에
떠밀려질지라도 영혼은 춤을 출 수 있기에
십자가 아래서 흘리는 땀방울 하나하나
내 마음 구석구석마다 숨 막히는 사랑이요
마른 가슴마다 벅찬 행복의 꽃봉오리 피어납니다.

죄악이 만든 검은 고갯길을 가로질러
유월절 어린 양의 파괴된 어깨와 다리
갈보리 언덕의 십자가에 새겨진 주님
콧등을 타고 입술 위에 고인 눈물 찍어
사랑한다고 기록하여 남긴들
우리 주님 예수님의 사랑 어찌 기록할 수 있으랴.

대강절 1

어디서나 세월의 모퉁이에서
주님 생각만 하면
희망이란 무지개 꿈은
나래를 펴고 내려옵니다.

캄캄한 밤중에서라도
하늘의 별빛은 향기가 되어
사랑의 심장으로 고동치고
가슴 벅찬 감격으로 출렁입니다.

이유 없이 그리워지는 날이면
스치는 바람이라도 붙잡고
꽃밭 향기로 걸어오실
주님을 찾아 달려가렵니다.

봄, 여름, 가을, 세월은 흘러가도
세월의 흔적들에 아롱진 사랑의 주님
한아름 그리움 끌어안고
오실 주님 고대하며 기다립니다.

대강절 2

나이가 들면
기다리는 님이 없어도
구름에 달 가듯이
그렇게 사는 줄 알았습니다.

머리에 서릿발 내리면
보고 싶은 사람 없어도
여름 지나 가을이 오듯이
해가 지고 뜨는 줄 알았습니다.

그런데 그게 아니었습니다.
객지 간 자녀를 기다리는
어머니의 마음으로
기다리고 또 기다립니다.

기다림에 마른 가슴마다
텅 빈 가슴을 채워 줄
생수가 되실 전능자
마라나타 주님을 기다립니다.

대강절 3

더디 오셔도 행복합니다
헐벗은 가지에 찬바람 달려도
밤이 내린 창가에
기다림의 촛불 밝히렵니다.

천천히 오셔도 괜찮습니다
기다리던 간이역 가로등불
꾸벅꾸벅 졸고 있어도
내 기다림은 잠들 수 없습니다.

다급하게 오시지 않으셔도
뒤돌아서지 않겠습니다
기다림은 이렇게 내 안에 있어
떠날 수 없는 길동무되었습니다.

언제든지 오실 때 오시옵소서
주님 오실 날 기다림이
그리운 가슴에 북받칠 때면
주르르 눈물 쏟아도 행복합니다.

부활을 축하하며

슬픔이 머물렀던 자리마다
영롱한 맑은 창 커튼 사이로
찬란한 아침이 살며시 스며든다.

햇살 때문만은 아니야
사망을 이기시고 부활하신
십자가 주님의 은총인 것을.

골고다에 흐르던 눈물
하늘 닮은 푸름으로 피어나고
희망의 꽃으로 영원하리라.

슬픔과 죄악, 고통과 한숨
십자가 붉은 피로 용해되어
세상은 비로소 푸르고 향기롭다.

동서남북이 환희로 웃는다
온통 봄꽃으로 가득한 겨울 동산
부활의 영광으로 가득하여라.

부활절의 고백

저리도 맑을 수가 있으랴
죄악의 밤 사이 사이에
아침 이슬에 씻긴 햇살처럼
환희의 옷을 입으시고
평안하냐 손잡으신 부활의 주님.

저리도 고울 수 있으랴
매 맞은 자국 선명한 양팔로
덥석 안으시고 토닥이시며
가슴속까지 촉촉이 젖게 하시는
사랑하신다는 주님 심장소리.

저리도 행복할 수 있으랴
살점 뜯기는 고난의 길 지나
프리지어 꽃향기 그윽한 길로
향긋한 미소 머금으시고
천국에서 만나자 약속하시는 주님.

만나면 행복이 출렁이는 주님
만나면 사랑하고픈 주님
만나면 사랑에 잠기는 주님
부활하신 우리 주님, 예수님
고맙습니다. 사랑합니다.

님을 기다리며

갈대잎 속삭이는 바람 결에
어두움 지키던 커튼을 열고
행여 님이 오실까 서성이며
가슴으로 삭이던 그리움 담아냅니다.

익어가는 가을 밤 불 밝혀
책장 넘기며 시를 쓰는 것은
오직 한 사람의 이름
오실 님 기다리는 마음 때문입니다.

뒷모습이 되어도 좋습니다
때로는 기다리는 내 마음
실개천이 지난다 해도
님을 기다림은 나에게 희망입니다.

우리 만나야 할 인연일진데
이리저리 한눈팔지 마시고
햇살 엮은 가을 꽃 향기 사이로
앞만 보시고, 잰걸음으로 오시옵소서.

(제9회 절제의 오이코스 초청자를 기다리는 마음으로)

만남

기다렸습니다
언제부터 가슴에 텃밭 만들어
한 움큼 그리움 심고
오늘처럼 고운 꽃 필 날 기다렸습니다.

정말이지 밤마다
만남은 어느덧 동화가 되었고
별빛 잠든 어느 마을까지
돌아오는 사무치는 기도였습니다.

이제는 홀로 피는 꽃은 아니랍니다
나를 필요로 한다면
절벽 바위능선이라도 달려가
어깨동무 향기로운 꽃이 되겠습니다.

어느덧 눈빛만 봐도
읽어 내려갈
사랑의 가슴 가득 담긴
만남은 그리운 한 편 시가 되었습니다.

(2016 사랑의 오이코스 초청 축제에 붙이는 시)

감사

너무 크기에 표현할 수 없었는가
하늘 같은 큰 사랑을 얻었음에도
아무 것도 얻지 못한 것처럼
차마 고개를 들지 못하겠습니다.

들숨과 날숨을 모으고 모아
세월의 창가에 쓰고 또 지우고
그러나 다시 쓰고 싶어지는
호흡 끝에라도 매어둘 감사입니다.

세월에 흩어진 언어를 주운들
감사, 이보다 더 아름다울 수 있으랴
하늘에 별빛을 모아 밝힌들
이보다 더욱 맑게 빛날 수 있으랴.

낮에 해도 상치 않게 하시고
밤에 달도 헤치지 않게 하신
사랑의 눈물 젖은 아름다움
감사, 이젠 가슴으로 새겨 가렵니다.

(2016년 맥추 감사절에 부쳐)

7월을 시작하는 기도

세월의 강을 건너온 반년
돌아보는 흔적들마다
우리 주님 망극하신 은혜인 것을
푸른 산천을 통해 알았습니다.

골짜기에서 꾀꼬리의 휘파람 소리
실개천에는 어린 버들치의 웃음소리
하늘에서는 조각 구름의 춤사위
갖가지 세월이 엮어가는 행복입니다.

생각할수록 넘쳐나는 주님의 은혜
산골을 타고 흐르는 골 깊은 바람처럼
주님 곁에 계심으로 시원한 즐거움
무념 무상의 시간 속에 영원을 기도합니다.

늘 혼자였으나 항상 함께하신 주님
7월에는 광야 험한 길 걸어갈 때라도
초록이 뿜어내는 향기를 호흡하며
주님 사랑하는 그리움으로 살게 하옵소서.

단풍과 십자가

해마다 청잣빛 하늘 가로질러
불그스레한 바람이 불어 올 때면
지난 세월에 농익은 가을 단풍
하나 둘 떠날 채비를 하더니
손짓도 미련도 없는 작별을 봅니다.

묶였던 해방이 저리 큰 기쁨인가
밟히는 것도 이렇게 향기로운
가을 향기 붉은 단풍의 일생
죄악을 묶었던 주검에서 풀어주신
우리 예수님의 향기처럼 아름답구나.

첩첩히 쌓여진 죄악의 무덤들 사이
정갈한 붉은 수의 한 벌 걸치고
고결한 생을 마감하는 자리엔
겨울 길 헤치고 태어날 연한 잎새의 꿈
가지마다 매달린 예수님의 희망입니다.

해마다 불타는 붉은 빛 쏟아질 때
내 무뎌진 마음에 골고다 십자가 세우고
뚝뚝 떨어지는 보혈의 피를 마시면
저만치 십자가 지신 예수님 어깨 너머로
가을빛 붉은 단풍 우수수 떨어집니다.

가을에 새기는 감사

이른 아침 창가에
가을이 홀로 서성이면
가슴을 물들이는 가을색
무딘 필묵에 찍어 새기는 한마디
감사.

청잣빛 높은 하늘 보며
억새꽃 부비는 가을 소리 들으며
새콤달콤한 사과 맛
손바닥에 머문 한줌의 바람까지
감사요, 감사입니다.

청계천 어린 잉어 놀던 자리
발그스레한 고추잠자리 찾아오고
저만치 국화꽃 향기 가득한
가을이 탄 꽃마차엔
감사의 향기로 흩날립니다.

해 질 녘 가을 길에 앉아서
한 줄기 느낌 있는 바람 끝으로
마지막 남아있던 사연 적으면
노란 은행잎에 새기는 답신
감사, 가을에 새기는 감사입니다.

예수님 기다림이 행복입니다

인생의 원초적인 죄성 아시고
사망의 죗값 지불하시려
십자가에 생명 버려 날 용서하신 예수님
예수님 기다림이 행복입니다.

밤새동안 고기를 잡았으나
빈 그물 놓고 낙심했던 절망의 자리에
그물이 찢기도록 여기까지 채우신 예수님
예수님 기다림이 행복입니다.

바람 부는 광야 같은 세상
빈손들고 홀로 왔으나
먹이시고 입히시고 살게 하신 예수님
예수님 기다림이 행복입니다.

겹겹이 쌓인 인생길
수없이 닫힌 문 열어주시고
하늘 보좌에 이르게 하시는 예수님
예수님 기다림이 행복입니다.

예수님! 기다리시는데

우리 주 그리스도이신 예수님
새벽 공기 써늘한데
그만 문 닫으시고 들어가시어
눈이라도 좀 붙이시죠.

지난 밤에도 가로등 꾸벅일 때
찾아온 사람 없는 메마른 거리에
밤하늘의 별빛 밝히시며
예수님! 누구를 기다리시나요.

황량한 벌판의 목마름인가
셀 수 없는 불면의 밤이 지날 때마다
주르르 양볼에 젖어드는 눈물로
부르고 찾아오시는 우리 주 예수님.

2000년 세월도 부족한 것일까
기울어 가는 초생달 가슴에 쓸어안고
문 열어 놓으시고 서성이시니
어찌 하오리, 예수님 기다리시는데.

송년 주일 단상

오늘, 마지막 남겨둔 하루
시린 손끝으로 만지작거리지만
시간의 커튼을 내리고
이젠 조용히 마침표를 찍는 날입니다.

전신주에 잉잉대던 바람도
겨울 추위에 떨고 있는 잎새도
돌아서는 세월에
아쉬운 이별을 고해야 할 시간입니다.

지난 세월 얼룩진 삶의 흔적들
미움도 원망도 슬픔도 후회도
훌훌 털어버리고 돌아서는 뒷모습에
감사의 박수로 보내 드립니다.

365일 단 하루도 만만치 않았던 순간들
용케도 견디었던 삶은 위대했고

마지막 시간 앞에 선 우리를 향하신
하나님의 은총은 영원했습니다.

지금은 시간의 옷깃을 여미며
찍어야 할 마침표의 여백에
잊지 않고 담고 싶은 한마디
고맙습니다. 감사합니다. 사랑합니다.

제 4 부

영혼이 고요하고

사랑 때문에

사랑 때문에
우리였다고 자랑했지만
나는 혼자였습니다.

사랑 때문에
혼자였다고 외로웠지만
항상 우리였습니다.

바람에 끌려 구름 가듯
사랑에 끌려
여기까지 살아왔습니다.

오늘도 하늘을 향해
누군가 줍도록
사랑을 쏘아 올립니다.

찬 냉기 가득한 겨울 하늘
사랑이 펑펑
쏟아졌으면 좋겠습니다.

만나서 반갑습니다

단풍이 찾아오기 전
내 마음 담아둔 해묵은 물감으로
그리움 그려내는
해를 넘겨
노랗게 익어가는 기다림 있었습니다.

코스모스 피기 전
그리운 마음은 어느덧
사모하는 애틋함으로 피어나고
포기할 수 없는
마음의 향기로 남았습니다.

만나고 싶었는데
바쁘다는 한 가지 이유였으나
오늘은 떠날 기차 보낸 후
가을을 우려낸 차 한 잔 마시며
손잡아 따뜻한 마음 전하렵니다.

수없이 스치던 세월
태초에 하나님이 예정한 만남이라
첫 시선을 사로잡는 반가움은
빗물에 씻기는
그런 만남은 물론 아닙니다.

이젠 아련한 기다림은
갈길 밝히는 등불이 되어
가을 낙엽 떨어지는 길목마다
따뜻한 가슴을 담아
외로운 앞길에 비추오리다.

참 잘 오셨습니다.
처음 길 낯설지라도
가깝게 마주 앉아 오손도손
사람 사는 이야기 나누며
이젠 헤어지지 않길 기도합니다.

(자비의 오이코스 초청 날에)

가정이란 성

외줄 타는 흔들림도
깊은 심연에 잠들게 하는
청아한 포근함이 깃든
행복이여
아름다움이여.

나는 당신이 되고
당신은 내가 되는
연리지의 사랑으로
익어가는
땅에서도 천국 가정.

슬픔도 담고
사랑도 담아
황량한 들판에
붉은 장미꽃 피우는
노래하는 보금자리.

부서지지 않을
사랑으로 지은 집
슬픔도 아픔도 잠재울
영원한 안식처
가정이 좋아 참 좋아.

강은 강에게 말하고

무슨 말 못할 사연
밝힐 수 없는 비밀인가
천년을 내려와도
말 한마디 하지 않고
흘러 흘러 여기까지 왔는가?

강이 되어야만
들을 수 있는 이야기
나는 또 하나의 강이 되려
녹슨 세월을 베개 삼아
강바닥에 눕는다.

흔들리는 뱃머리에 앉아
잊지 않을 추억 건지지만
저 멀리 세월의 강은 흘러가고
불러주는 사람 없이
낯선 풍경에 마음이 아려온다.

외로워지려고 했지만
강을 지나던 바람 한 점
닫힌 마음의 빗장 열고
외로움은 물결에 새겨두고
출렁이는 강물로 살라 한다.

만나면 헤어지고
헤어지면 또 만나지만
강은 여전히 강으로 만나고
그리고 다시
강은 강으로 헤어진다.

물결이 만들어가는 사연
사람 사는 세상 다를 바 없지만
은빛 사연 담아내는 강의 사연
오늘 같은 날에는
강이 되어 강에게 말하리.

과속

경부고속도로에서
세월은 자동차 바퀴에 감긴다.

300m 앞에 과속에 주의하세요
네비게이션이 목이 쉬어라
사정하고 부탁하지만
쌩쌩 세월 지나는 소리
속력은 줄어들 생각은 없다.

구름 머문 언덕에 멈춰
바퀴에 감겨버린
헝클어진 세월의 실타래를 풀다
그만 엉엉 울어버렸다.

지난 세월을 되돌아보니
또다시 세월은 추월하고 만다.

고 향

늘 그랬는가
목마른 세월에는
고향을 비추는 만월에서
한 바가지 물을 길러
한 모금 마신다.

언제 마셔도
바싹 마른 뼛속까지
시원케 하는
고향은
언제나 내겐 단물이었다.

이미 세월에 묻혀
전설이 되었지만
아! 내가 살던 고향
달빛 맑은 저녁이면
배고픈 아이가 된다.

(추석 아침에)

당신 탓입니다

나의 행복은 무조건
당신 때문이요
나의 불행은 무조건
나의 잘못입니다.

나의 성공은 무조건
당신 때문이요
나의 실패는 무조건
나의 잘못입니다.

나의 행복은 무조건
당신 탓이요
나의 불행은 무조건
나의 잘못입니다.

나의 기쁨은 무조건
당신 탓이요
나의 슬픔은 무조건
나의 잘못입니다.

나의 미소는 무조건
당신 탓이요.
나의 분노는
나의 잘못입니다.

밤과 별

내가 밤이 될 테니
그대는 별이 되어 주오
별이 밤에 빛나듯이
나는 그대의 한 줄기
빛을 쏟아내는 사랑이어라.

내가 별이 될 테니
그대는 밤이 되어라
밤은 별빛으로 깨어나듯이
나는 그대를 가슴에 품고
밤을 밝히는 그리움이어라.

밤이 깊도록
별이 만드는 수많은 사랑
은빛 사랑 추억에 새기다
밤이 자장가를 부를 때
별은 비로소 하나 둘 꿈에 묻힌다.

사랑의 씨앗

인생을 푸르게 하시려면
묵은 마음을 갈아엎고
마음의 정원에 동그란
사랑의 씨앗 심어 보세요.

달콤한 햇살 머물고
부드러운 바람 스치며
파릇파릇 향기 짙은 새싹
하나 둘 쏙쏙 돋을 거예요.

언제인가 머리에
황금무지개 꽃띠 두르고
사랑은 아장아장 걸어와
나비되어 춤을 춥니다.

지난 세월 촛불에 태우며
누군가의 가슴에 사랑을 심고
사랑하여 행복했노라
목청껏 노래라도 부르렵니다.

아! 자랑스러운 조국

바다에 몸 담근 채
밤새토록 부는 모진 바람에
흔들리고 부서지던
연약한 몸
반딧불 같은 작은 나라.

숱한 세월
열강들의 시뻘건 발톱에 짓밟혀
조국은 상처투성이였고
나물죽, 나무껍질로
주린 배를 채웠던 세월들.

오늘은 검푸른 파도와 싸워
승리의 깃발 펄럭이며
저리도 성숙한 모습으로
하늘을 향해 쏘아 올리는 축제에
감동의 눈물을 흘린다.

104개 나라들을 초청한 자리
금수강산 찬란한 영광을
세계에 알리는 벅찬 행복의 잔치
2012년 여수 엑스포
이것은 꿈일까, 생시일까?

호롱불 밝히며
형설의 공을 쌓은 성실한 국민
이젠 웅비의 날개 퍼덕이며
세계 열방을 가슴에 품고
영광스러운 춤을 함께 추어라.

달이 걸린 여수 앞바다엔
자랑스러운 희망의 축포 울리고
세계를 향해 다시 비상하는
역사에 찬란히 빛날 대한민국
아! 자랑스러운 나의 조국.

(2012. 7. 23~24. 여수 엑스포 관람을 마치고)

어머니 1

강남 간 제비는
봄이 오면 다시 돌아오고
피었다 진 철쭉꽃도
춘사월에 다시 피건만
한번 가신 어머니 언제 다시 오시려나.

앞산에 울던 뻐꾸기는
올해도 다시 울고
뒷산으로 넘어간 태양은
아침이면 다시 뜨건만
보고 싶은 어머니 언제 다시 보게 될꼬.

애지중지 지킨 세월
가고나면 다시 오고
울밑에 봉선화는
지고나면 다시 피건만
어머니 그리운 눈물 언제쯤 마를 건가

불러도 대답 없음은 불효 때문인 것을
이제와 후회의 눈물을 흘린들
무슨 소용 있으리요만
어머니 쓰시던 호롱불 켜두었으니
오늘밤에는 꿈속에라도 다녀가시죠.

어머니 2

한밤중 소쩍새 울음소리에
선잠 깨우려 눈을 뜨면
어머니 쓰시던 장롱은
그 자리 그대로 있고
인자하게 웃으시는
벽에 걸린 어머니 사진.

책상 위에 놓인 카네이션
아들 녀석이 들고 왔는데
마음속엔 허허로운 바람 일고
가슴 한켠엔 지울 수 없는
어머니 인자하신 어머니 생각
이맘때면 눈물짓는 이유입니다.

불효한 가슴 쥐고
어머니를 불렀지만
밤바람에 창문만 흔들리고
내 아린 가슴에 메아리뿐
한번쯤 만났으면 좋으련만
야속한 그리움만 더해 갑니다.

좋은 날이 있었습니다

비가 내릴 때 좋은 날이 있었습니다
세찬 비를 피하려고
하나의 우산 서로 잡고
체온이 느끼도록 가슴에 묻고
걸었던 날이 있었습니다.

찬바람 불 때 좋은 날이 있었습니다.
당신의 등에 코트를 덮고도
내 가슴 사랑의 열기로 가득하여
슬그머니 손잡아 호주머니에 넣고
찬바람이 시원했던 날이 있었습니다.

밤이 찾아올 때 좋은 날이 있었습니다.
가로등 희미하게 깜박일 때까지
어두운 골목길을 헤치며
밤이 지나는 것이 아쉬워
사람이 없는 곳으로 걷던 날이 있었습니다.

노인과 봄

겨울이 앉았던 의자
세월을 셈하는 노인이 앉았다
찬바람 지나던 길이었던가
봄 햇살에 몸을 녹인다

저쪽 벚나무 가지에
여린 봄 하나 앉았더니
노인과 눈을 마주치며
지난 이야기에 잠을 청한다

굴렁쇠 굴리던 어린아이
의자 곁을 지나가다
할아버지 천식 기침에
봄이 가려워 하품을 한다.

하늘을 맴돌던 바람 한 점
의자 모서리를 감아 돌더니
비로소 노인은 겨울을 벗고
봄을 담은 모자를 눌러쓴다.

추억이 된 쑥떡

여린 쑥 하나 뜯어
지난 봄에 남은 추억 채우면
코끝에 맴도는 봄 향기
나의 가슴에는 쑥 향기 이야기.

밤새 쑥떡 만들어
바자회 준비하던 정성
지난 추억에 가슴은 뭉클하고
입 안 가득 쑥떡 맛이 가득하다.

손끝에 머문 봄이여
올해도 하나 둘 쑥을 캐고
알맞게 쌀가루 버물리면
작년처럼 쑥떡 맛이 날까.

세월이 묻힌 추억 잡으려
양손을 쭉 내밀어
여린 쑥 사진에 담고
내 가슴엔 뭉클한 추억 새긴다.

6 · 25 단상

해마다 6월이면
갚아야 할 그러나 갚을 수 없는
불면증처럼 슬픈 조각들
잠을 깨우는 사랑의 빚을 되새긴다.

일면식도 없던 외국 땅 젊은 전사들
억만리 길도 멀지않다 달려와
포탄 소낙비 사이로 사이로
불타는 우리 땅을 지켜준 무명의 용사들.

고향 떠나 부모 떠나, 타버린 아들아
바위처럼 굳어버린 아픔인가
녹슨 시간이 짙은 바위에 앉은 비둘기
시기오놋의 슬픈 울음을 토해낸다.

낯선 산야에 묻힌 젊은 영혼
참전 용사의 우국정신이여
포탄 비 쏟아지는 산하에서
목이 터져라 불러준 아! 대한민국.

세월은 구름처럼 허공에만 달렸는가
잊혀지기만 한다면
환갑을 넘긴 6·25의 참상도
기억에 사라져도 좋단 말인가.

해마다 6월이 오면
눈물샘 웅덩이에 퍼 올리는 젖은 눈물
흔들리는 조국 산야를 품고 가는
희망의 눈물이었으면 좋으련만…

*시기오놋: "수금"이란 악기의 다른 이름

어버이날의 참회

5월이 되면
저기 높은 파아란 하늘
바윗돌에 부딪혀 멍든 물결로
가슴에 출렁입니다.

낳으시고 기르시다
갈기갈기 찢겨지신 가슴
저렇게도 퍼렇게
멍울 맺힌 어버이 마음입니다.

어버이를 회상할 때마다
마른 가지에 앉은 한 마리 소쩍새처럼
긴긴 밤 목놓아 우는 것은
효도치 못한 때늦은 후회입니다.

5월이 되면
파아란 하늘 조각들이 뚝뚝 떨어지고
어버이 멍든 퍼런 가슴이
사무치도록 후회되어 서럽습니다.

제 5 부

영으로 주를 찬양하며

감동이 있는 여백

눈을 감아도
잊혀지지 않은 감동
뗄 수 없는 짐조차 내려놓고
경외함으로 고개 숙이게 하는
로마의 바티칸이여.

박물관을 지나
시스티나 성당에 도착하니
숨소리조차 들리지 않은 엄숙함
그리고 높은 천장에 펼쳐진
아! 여기가 바로 천지창조.

31세 젊은 미켈란젤로
창조주 하나님을 향한 신심이
얼마나 컸으면 쳐다보기도 어지러운
저 높은 천장에 홀로 매달려
4년 동안 그림을 그렸을까?

기다림을 초월한 기다림에
잰걸음으로 찾은 베드로교회
야! 이렇게 웅장하고
야! 저렇게 장대하다니
어디를 먼저 봐야 할지.

땅위에 건축된 천국
이렇게 장엄하고 위대할진데
언제가 만날 천국
육신의 눈으로
쳐다볼 수 없으리라.

세상의 여행을 마치는 그때
눈앞에 펼쳐질 천국 생각에
가슴에 벅찬 기운 가득하여
쏟아지는 뭉클한 감동
주님 사모하는 마음에 그리움 맺힌다.

(로마 바티칸 시국의 순례를 마치고)

베네치아의 꿈

예술과 음악의 도시
먼 나라 베네치아
흔들리는 곤돌라에 몸을 싣고
베니스 상인들의
전설이 된 꿈을 찾는다.

갯벌에 말뚝을 박아
집을 짓고 자녀 키우며
흘렸던 눈물들
이렇게 출렁이는
검푸른 바닷물이었나.

먼 파도를 타고 들리는
비발디의 사계는
험한 세월을 승화시킨
순박한 마음을 전하는
그때의 행복이었을까?

물위의 대리석 집들
햇살에 황홀한 빛을 내고
출렁이는 물길 가르며
뱃사공이 부르는 산타루치아
지난 세월의 아픔인가, 추억인가?

아드리아 해안
비릿한 바다 냄새 토하고
지우지 못한 아쉬움에
곤돌라처럼 흔들리는
나그네의 마음.

한번 사는 인생
파도에 부서지는 햇살처럼
황홀한 빛줄기 남기며
금빛 인생으로
살아갈 수 있으면 참 좋겠다.

(이탈리아 베네치아 곤드라 선상에서)

*곤돌라-베네치아 좁은 운하를 다니는 고무신처럼 생긴 운송수단

시간이 빚어낸 아름다운 흔적

11시간 쉬지 않고 날던 비행기
프랑크푸르트 공항에 날개를 접을 때
두근거리는 가슴
설레는 마음으로
그렇게 독일에 첫발을 디뎠습니다.

동화책에서나 볼 수 있었던
그림 같은 하이델베르그
안개에 젖어 촉촉하고
마을을 가로질러 흐르는 넥카강은
눈에 가득 찬 황홀감 자체입니다.

집집마다 창가에 늘어진 붉은 꽃들
호기심 어린 눈으로 방문객을 맞이하고
믿음과 신학의 흔적들은
흐트러진 상념들을 모아
경건으로 옷깃을 여미게 합니다.

아침 햇살이 부서지는 광장에
여행객을 안아주는 성령교회
어설프게 무릎 꿇었지만
내 손 잡고 동행하시는
성령님의 평안함이 가득합니다.

칼 테오도르 다리 건너편
근·현대 철학가의 산책로를 보노라면
내 마음 비좁은 오솔길로
철학의 거장 칸트 교수님이
뚜벅뚜벅 걸어옵니다.

시간 속에 빚어낸 흔적들
낭만과 행복의 산실 하이델베르그 성
전쟁의 흉한 상처로 남았지만
루터의 종교 개혁의 깃발은
가슴에 고운 햇살로 펄럭입니다.

(종교개혁자 루터가 강의한 하이델베르크 대학을 여행한 후)

우아한 백조의 성이여

알프스 산자락의 만년설이
아침 햇살에 흰 웃음 지을 때
한 잔의 찻잔에 담긴 채
사랑이 되어
비상하려는 슬픈 백조 한 마리.

무슨 깊은 사연 때문인지
나그네는 알 수 없으나
단아하게 날개를 접은 모습
사랑할 사람을 기다리다
아픔의 전설이 되었나?

이제는 굳어버린 날개
창공에 퍼덕이며
지나는 사람들에게라도
사랑하다 돌이 된
러브스토리 들려주면 어떠리.

다시 일어나
잃어버린 사랑 되찾아
로엔그린과 사랑이 이뤄질 때
혼례의 합창 함께 부르며
단아한 너의 미소 보여나 주렴.

쳐다만 봐도 우아한 자태
노이슈반슈타인 백조의 성이여
오늘은 너의 우아한 손잡고
먼 땅 푸른 알프스 호수에 배를 띄어
조국 떠난 시름 나누고 싶구나.

사랑에 목마른 엘자 공주여
언젠가 마녀가 떠나고
너의 사랑이 완성되는 날
정 많은 대한민국 푸른 한강에서
구수한 숭늉 한 대접 나누고 싶어라.

(독일 휘센 노이슈반슈타인 우아한 성을 여행한 후)

행복을 짓는 소녀

그곳에 가면
동화책에서나 만나볼
순박하고 따뜻한 마음을 지닌
알프스 소녀
하이디를 만난다.

일찍이 부모를 여의고
할아버지와 함께 살지만
행복을 만들어
거울처럼 투명한 호수가 된
꽃처럼 아름다운 소녀.

잔혹한 세월 속에서
얼굴 살 하나 구기지 않고
소박함 그대로의 생 얼굴
저렇게 나비처럼
나플나플 춤추며 살았겠지.

알프스 산자락에
탁 트인 하늘과 푸른 들판
펼쳐지는 아름다움
평온함이 깃든 땅
어느덧 알프스 소녀가 된다.

평온한 길섶에 핀 꽃들
지친 여행객들의 마음을
이렇게 평안케 하는 것은
하나님의 가슴에 담은
아마도 자비이어라.

잠시 잠깐
이곳을 스치고 갈 사람들
보듬고 축복하는
하나님의 자비를 경험하면
참 좋으련만….

(스위스 하이디 산을 여행한 후)

*하이디 산 : 동화 "알프스소녀 하이디"의 배경으로 해발 2,530m의 산으로 초원이 장관임.

교회! 희망의 등대여

캄캄한 밤하늘에
밝은 빛 쏟는 별빛처럼
가슴 아픈 사연 녹여
이 땅에 희망의 물길 넉넉한
그 이름도 풍성한
샘솟는 희망샘 교회여.

질퍽거린 세월마다
한 번도 외면치 않으시고
56년을 하루같이
밝은 얼굴 비추시어
아침이 맑은 인생되게 하신
우리 주님을 경배합니다.

아름다운 사람들
주님과 행복한 어울림
가슴 가득히 담고 담아도
여전히 그리운 주님
사랑합니다. 그리고
앞으로도 사랑하게 하소서.

(교회 창립 56주년을 기념하며)

하늘 행복

행복한 사람들
아름다운 마음들 모아
우리 주님 영광만을 위해
살아온 60년의 세월.

봄, 여름, 가을, 겨울
한결 같은 정성으로
주님 교회 사랑케 하신
하나님 계셔서 행복합니다.

비바람 스친 세월의 옹이엔
미소 가득한 희망 꽃 피어나고
거친 숨결 사이사이
향기로운 주님 묻어납니다.

세월이 멈출 그날까지
온 마음과 정성모아
중단 없이 이어갈 우리의 함성
구령의 합창되게 하소서.

내 인생의 광야길
달려갈 길 다 달린 후
새 하늘 잔치에 서는 날
금빛 면류관 얻게 하소서.

영광 중에 오실 주님
손꼽아 기다리며
생명 살리는 복음 사역에
십자가를 지자, 희망샘 교회여!

어둠 밝힌 생명의 빛이여
만방에 퍼질 새천년의 희망이여
평화를 가져올 능력되소서
하늘 행복 이어갈 축복되소서.

(교회 60주년 창립 감사 주일에)

교회의 연가

예순두 살, 그러니 6번이나 강산이 바뀐 세월
아직도 우리 예수님 십자가상에서
부르시는 사랑에 목마른 음성
성전의 모퉁이에서도 들리는 듯합니다.

봄 가고 여름 오며, 가을 가고 오는 겨울
어찌 이렇게도 한 번의 권태기 없이
환하게 다가오시는 맑은 미소
첫 사랑 여기까지 싱싱하기만 하오리까.

22,630일을 하루 같은 사랑으로
주님 옷자락에 우리 허물 감싸 덮으시고
온갖 무거운 짐 속으로 삼키시며
한결같은 동행자 내 사랑, 예수님이시여.

가슴에 품은 순백색 사랑으로
늦은 비 이른 비로 키우시고 돌보시니
십자가 꽃 녹여 담고 담은 향기
내 사랑하는 주님께 바치옵니다.

겨울가지 끝에 달린 라일락 꽃향기처럼
하늘빛 닮은 은혜로운 얼굴들
송이꽃 빚어 만든 사랑의 꽃다발
옥합 깨뜨린 여인처럼 주님께 바칩니다.

예순둘 늦깎이 부끄러운 속내 드러내고
예수님께 고백하는 숨겨 둔 한마디
내 사랑 몽땅 당신께만 바칩니다
가슴에 담고도 그리운 나의 예수님.

(교회 62주년 창립 감사 주일에)

영원한 희망의 노래

하루 햇살도 멀고도 길기만 한데
63년의 세월 한 번도 외면치 않으시고
가슴에 안고 지키시던 주님의 교회
세월을 펼치어 촘촘히 적어갑니다.

죄인을 부르시어 거룩한 자녀 삼으시려
척박한 땅에 십자가 보혈이 샘이 된 교회여
생각하면, 생각할수록
눈물나도록 고맙고 감사한 것뿐입니다.

옥합 깨뜨리는 여인의 심정으로
오직 주님만을 향한 사랑 잊지 않고
검은 머리 하얀 파뿌리 되도록 섬기신
온 성도님들께 복 주시고 번성케 하옵소서.

양지 쪽에 앉은 봄볕에
벌 나비 춤추며 저렇게도 행복하듯이
지치고 아픈 영혼들 어루만지는 주님의 교회
엄마 손길처럼 아늑한 행복이어라.

밤에는 별빛으로 노래하고
낮이면 햇볕 다정한 얼굴로
서로 손에 손을 맞잡고 광야길 달리는
주님, 생각만 해도 신명나는 축복입니다.

바라만 봐도 행복한 주님의 교회
우리의 후손들의 신앙의 요람이여
내가 부르다 잠들 나의 노래, 희망샘 교회여
63년의 세월 주님 함께하시니 행복합니다.

63년 세월 하루처럼, 다시 1000년을 향해
마을과 민족이 주님 품에 안길 그날까지
땅에서 하늘까지 울려 퍼질
교회여, 우리의 영원한 희망의 노래입니다.

(교회 63주년 창립 감사 주일에)

류시육 시집

참 좋은 친구

1판 1쇄 인쇄 / 2019년 7월 10일
1판 1쇄 발행 / 2019년 7월 20일

지은이 / 류 시 육
펴낸이 / 김 주 안
펴낸곳 / 도서출판 진실한 사람들
주소 / 경기도 하남시 미사강변서로 25 미사테스타타워 9층 26호
Tel / 031-5175-6210
Fax / 031-5175-6211
E-mail / munvi22@hanmail.net
등록번호 / 제300-2003-210호
ISBN / 978-89-91905-74-0

값 10,000원